AF358905

SILVIE,

BALLET-HEROÏQUE

EN TROIS ACTES,

AVEC UN PROLOGUE,

REPRÉSENTÉ

DEVANT LEURS MAJESTÉS,

A FONTAINEBLEAU,

Le 17 Octobre 1765,

ET PAR L'ACADEMIE-ROYALE

DE MUSIQUE,

Le Mardi 11 Novembre 1766.

PRIX XXX. SOLS.

AUX DÉPENS DE L'ACADÉMIE.

A PARIS, Chés DE LORMEL, Imprimeur de ladite Académie, rue
du Foin, à l'Image Sainte Genevieve.

On trouvera des Livres de Paroles à la Salle de l'Opera.

M. DCC. LXVI.

AVEC APPROBATION ET PRIVILEGE DU ROI.

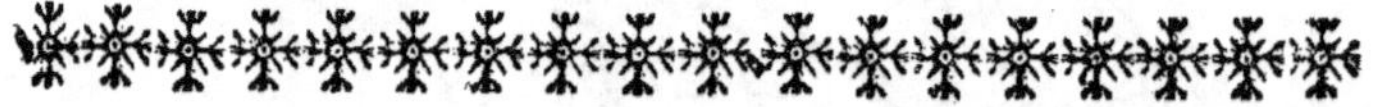

Le Poeme eſt de *M. LAUJON*, *Secretaire des Commandemens de S. A. S. Mgr. le Comte de* CLERMONT.

La Muſique de *MM.* BERTON, *Maître de Muſique de l'Académie - Royale ,* & TRIAL, *Directeur & Compoſiteur de la Muſique de S. A. S. Mgr. le Prince de* CONTI.

ACTEURS CHANTANTS
DANS LES CHŒURS.

CÔTÉ DU ROI.

Mesdemoiselles.	*Messieurs.*
Durand.	Chicot.
Guillaume.	Vaudemont.
La Croix.	Héri.
Delor.	Cailteau.
Beauvais.	Lecoutre.
Barrage.	Rose.
Thévenot.	Robin.
Delaistre.	Antheaume.
Héri.	Méon.
Defontebles.	Botson.

CÔTÉ DE LA REINE.

Mesdemoiselles.	*Messieurs.*
D'alliere.	L'écuyer.
Salaville.	Albert.
D'agée.	Tourcati.
Adélaïde.	Bourdon.
Duprat!	Labourdette.
Lebourgeois.	Desnoyers.
Jouette.	Feret.
Desrosieres.	Du Perrier.
	Boi.
	Laurent.
	Cavallier.

ACTEURS
DU PROLOGUE.

Vulcain,	M. l'Arrivée.
DIANE,	Mlle Duplant.
L'AMOUR,	M^de. l'Arrivée.

Suite de DIANE.

Suite de L'AMOUR.

CHŒUR de CYCLOPES.

CHŒUR de RIS & de JEUX.

LES PLAISIRS.

LES GRACES.

PERSONNAGES DANSANTS.
CYCLOPES.

M. DAUBERVAL.

M^rs. Leger, Riviere, Trupti, Granier, Gardel, c.,
Lani 2., Despréaux, Doffion, Lieffe, Lani 3.,
Langlois, Aubri.

LES GRACES.

Mlles. HAUDINOT, DERVIEUX, LEROI.

PLAISIRS, RIS & JEUX.

M^rs. Malter, Lebrun, Giguet, Bourgeois.
M^les. Vernier, Cornu, Lahaie, Ifoire.

PROLOGUE.

SCÉNE PREMIERE.

VULCAIN, CHŒUR DE CYCLOPES.

LE CHŒUR.

Sous l'effort de nos coups que l'enclume gé-
  miffe,
Que des ruiffeaux d'airain coulent de nos four-
  neaux :
Faifons voler la flâme, & que tout retentiffe
  Du bruit terrible des marteaux.

(On entend une fymphonie.)

VULCAIN.

Mais ces concerts mélodieux
M'annoncent le Dieu de Cythere.

S C Ê N E I I.

VULCAIN, LE CHŒUR, L'AMOUR,
GRACES, PLAISIRS, RIS & JEUX.

L'AMOUR, qui defcend des Cieux avec fa Suite.

Vulcain, je defcends des Cieux,
Où je viens d'enflammer le Maître du tonnerre ;
Il brûle pour Hébé des plus aimables feux ;
Leur bonheur eft parfait, je l'ai lu dans leurs yeux ;
Il eft tems de fonger au bonheur de la Terre :

C'eft le deffein qui m'amene en ces lieux.
Vulcain, tu vois l'Amour fans armes,
Et c'eft le fruit de mes exploits ;
A bleffer ces deux cœurs j'ai trouvé tant de char-
mes,
Qu'il ne me refte plus un trait dans mon Carquois.
Diane veut ravir une Nymphe à mes Loix.

(*Aux* CYCLOPES.)

Hâtés-vous, vengés mon injure.
Vulcain, je veux un trait dont l'atteinte foit sûre.

VULCAIN, aux CYCLOPES.

Cyclopes, fufpendés vos travaux en ce jour,
L'Amour fe fert de nous pour venger fon injure ;

Que l'Olympe en vain en murmure ;
Cessés tout, quittés tout, travaillés pour l'Amour.

CHŒUR des CYCLOPES.

Que l'Olympe en vain en murmure,
Cessons tout, quittons tout, travaillons pour l'A-
mour.

VULCAIN.

Pour punir les Mortels, qui bravent sa puissance,
Jupiter s'arme de nos traits ;
Pour le bien des Mortels ceux de l'Amour sont faits :
On est toujours trop prompt à servir la vengeance,
L'est-on jamais assés pour hâter les bienfaits ?

(*Avec le* CHŒUR.)

Que l'Olympe en vain en murmure,
Cessés tout, quittés tout, travaillés pour l'Amour.

(*On danse.*)

(*Les* CYCLOPES *débarrassent les enclumes des différens ouvrages qu'ils fabriquoient pour les Dieux,
& s'occupent à forger des traits pour* L'AMOUR.)

L'AMOUR, aux CYCLOPES.

Cyclopes, à mes loix, j'aime à vous voir fideles :
Mais pour rendre à mes traits le pouvoir d'enflammer,
C'est aux Ris, aux Jeux d'animer,

Par le mouvement de leurs aîles,
Le feu qui fert à les former.
(Les R is & les J e u x tournent autour des four-
neaux , font naître les feux qui fervent à forger les
traits de l'Amour , & aident les Cyclopes dans
leurs travaux.)
L'Amour aux Plaisirs & aux Jeux.

Plaifirs, en vain la Raifon gronde,
Le cœur vole au-devant de mes traits ;
Seuls vous difpenfés mes bienfaits,
Mon trïomphe eft le bonheur du monde.

Sous mes loix fixés la Beauté ,
Par des faveurs toujours nouvelles ;
Raffûrés la Timidité
Qui nuit fouvent aux cœurs fideles ;
Servés - vous toujours de vos aîles
Pour fuir l'Audace & la Fierté.

Plaifirs, en vain la Raifon gronde,
Le cœur vole au-devant de mes traits ;
Seuls vous difpenfés mes bienfaits ;
Mon trïomphe eft le bonheur du monde.
(Pendant cette Ariette Vulcain, va vifiter les travaux
des Cyclopes , & donne la derniere main à leurs
ouvrages.)

SCENE

SCÈNE III.

LES ACTEURS DE LA SCÈNE PRÉCÉDENTE.

DIANE.

DIANE, à part.

Dieux ! rien n'est égal à ma peine.
Quoi ! l'Amour en ces lieux ?...

VULCAIN.

Quel dessein vous amene ?

DIANE.

De tes soins industrieux
J'espérois obtenir un Égide,
Qui pût défendre un cœur des traits de ce perfide.

(*Montrant l'Amour.*)

Ôsera-t-il toujours, avec témérité,
Porter dans tous les cœurs le trouble & le ravage ?
C'est trop céder au Dieu qui nous outrage ;
Défendons notre liberté.

B

PROLOGUE.

VULCAIN.

J'arme Bellone & le Dieu de la Guerre :
C'eſt dans cet antre ténébreux
Que je prépare au Souverain des Dieux
La foudre, dont il ſçait épouvanter la Terre.

(*Montrant l'AMOUR.*)

Cet Enfant, dont les Dieux révèrent le pouvoir,
De ma main tient les traits qui ſervent ſa vengeance ;
Mais en défendre un cœur n'eſt pas en ma puiſſance.

L'*AMOUR*, en ſouriant.

Tout l'Olympe doit le ſçavoir.

(*Un* CYCLOPE *diſpute à une Suivante de l'*AMOUR
l'honneur de lui préſenter ſes traits ; il s'y bleſſe lui-
même, & la prèſſe de reprendre le trait qui l'a bleſſé
*& d'exécuter l'ordre de l'*AMOUR.)

D I A N E.

Que vois-je ? à quels exploits deſtines-tu ces traits ?

L'*A M O U R.*

A triompher des cœurs que tu ſoumets.

VULCAIN, à DIANE.

Déèſſe il faut aimer , quand l'Amour veut qu'on aime.

DIANE, à VULCAIN.

Sans le ſecours de ton pouvoir
Je ſçaurai me ſervir moi - même.

L'AMOUR, en ſouriant.

Je pourrois tromper votre eſpoir.

L'AMOUR.	*DIANE.*	*VULCAIN & LE CHOEUR, à DIANE.*
Je vais remporter la victoire.	Non , tu vas redoubler ma gloire.	Non , tu vas redoubler ſa gloire.
Non , tu vas redoubler ma gloire :	Je vais diſputer la victoire :	*(A L'Amour.)*
Les cœurs que je pourſuis ne m'échappent jamais.	Les cœurs que j'ai ſoumis ne m'échappent jamais.	Tu vas remporter la victoire :
	Qui ſçait te fuir , brave tes traits.	Les cœurs que tu pourſuis ne t'échappent jamais.

FIN DU PROLOGUE.

ACTEURS CHANTANTS.

SILVIE, *Nymphe de* DIANE, Mlle. Arnould.
AMINTAS, *jeune Chaffeur*, M. Legros.
HILAS, *Faune*, M. Gélin.
DIANE, Mlle. **Duplant.**
UNE NYMPHE *de* DIANE, Mlle. Dubrieulle.
UNE *autre* NYMPHE, Mlle. Fontenet.
L'AMOUR, M^{de}. l'Arrivée.
UN CHASSEUR, M. l'Arrivée.

CHŒURS, } De Nymphes de DIANE.
De Faunes.
De Chaffeurs.

DRIADES.
NAÏADES.
CHASSEURS.
FAUNES.
GRACES.
PLAISIRS, RIS & JEUX.
DIEUX ET DÉÈSSES.
BERGERS.

PERSONNAGES DANSANTS.

ACTE PREMIER.

NYMPHES de DIANE.

Mlle. GUIMARD.

Mlle. ALLARD, PESLIN.

Mlles. Rei, Mercier, St Martin Dauvilliers, Adélaïde, Lafond, Gaudot, Delfevre, Vernier, Sidonie, David, 1., Larie, Duperrei, Dervieux, Leroi, Cornu, Haudinot, Isoire.

ACTE SECOND.

CHASSEURS.

M. GARDEL.

M. DAUBERVAL.

Mrs. Trupti, Riviere, Granier, Despréaux, Gardel, c., Leger, Lani, 2., Liesse, Lani, 3., Martinet, Larue, Aubri.

NYMPHES de DIANE.

Mlle. ALLARD.

Mlles. Rei, Mercier, Lafond, Adélaïde, Mimi, Gaudot, David, 1, Larie.

DRYADES.

Siane, David, c., Rousselet, l'Huillier, Saron, Audibert.

NAÏADES.

Mle. DUPERREI,

Mlles. VERNIER, LEROI.

Mlles. Dauvilliers, Delfevre, Isoire, Sidonie.

*B

ACTE TROISIEME.

UN *PLAISIR.*

M. VESTRIS.

ADONIS, M. GARDEL. *VÉNUS*, Mlle. GUIMARD.

BACCHUS, M. DAUBERVAL. *ARIANE*, Mlle. PESLIN.

PÉLÉE, M. LANI. *THÉTIS*, Mde. PITROT.

GRACES.

Mlles. HAUDINOT, DERVIEUX, LEROI.

PLAISIRS & JEUX.

Mrs. Cezeron, Malter, Doſſion, Granier, Aubri, Deſpréaux, Dubois, Giguet, Larue, Gardel, c., Bourgeois.

Mlles. Demiré, St Martin, Mercier, Dauvilliers, Chaſſagne, Sidonie, Iſoire, Mimi, Larie, Ledoux, Riviere, Perſeval.

SILVIE,
BALLET-HEROÏQUE.

ACTE PREMIER.

Le Théâtre repréfente une Forêt & des Bocages confacrés à DIANE ; on voit, dans le lointain, le Temple de cette Déeffe.

La Scêne fe pâffe au Point du Jour.

SCÉNE PREMIERE.

A M I N T A S, feul.

Amour, laiffe mon cœur en paix !
Quel triomphe pour toi, quelle gloire cruelle,

D'accâbler un amant fidele,
Sous la rigueur de tes traits?

Chaque jour, dans ces bois, je devance l'Aurore;
Toujours plus emprèſſé, toujours plus amoureux,
    J'attens la Nimphe que j'adore,
Et tu me vois forcé de dévorer des feux
    Que le ſecret redouble encore.

    Amour, &c.

Silvie ignore encor tout l'excès de ma flâme;
L'amitié ſert de voile aux tranſports de mon cœur:
Amour, n'ôſerois-tu déſarmer ſa rigueur ?
    Sur tes plaiſirs daigne éclairer ſon ame!

Contraignons-nous, c'eſt-elle que je vois.

SCÉNE II.

AMINTAS, SILVIE.

AMINTAS.

LA Chaſſe vous appelle à de brillans exploits,
Chaque jour vous annonce une gloire nouvelle;
    Vous imités bien l'Immortelle
    Qui vous enchaîne ſous ſes loix!

On

On ne connoît le pouvoir de vos charmes,
Que par les maux qu'ils caufent à l'Amour ;
Vous n'embelliffés chaque jour,
Que pour lui coûter plus d'allarmes.

S I L V I E.

Rien ne m'eft cher comme la liberté,
Chaque jour m'en fait mieux connoître l'avantage :
Sous fes loix Diane m'engage ;
Je fais tout mon bonheur d'imiter fa fierté.

A M I N T A S.

Vous n'avés point de reproche à vous faire,
L'Amour fans cèffe éprouve vos rigueurs :
Ce Dieu lit fi bien dans les cœurs ;
Devoit-il donc vous donner l'art de plaire ?

S I L V I E.

Pour fe venger du mépris de fes feux,
Il offre, à mes regards, fous des traits dangereux,
Notre amitié, dont la douceur le blèffe ;
Il me dit qu'il eft dans vos yeux :
Pour ne pas me livrer à ces foupçons fâcheux,
J'ai befoin de vous voir fans cèffe.

A M I N T A S.

Si l'Amour m'enflammoit pour vous,
Eh ! pourriés-vous répondre à ma tendreffe,

C

Sans vous expôser au courroux
D'une inexorable Déèſſe ?
Loin de voir à ce prix combler tous mes deſirs,
A vaincre mon penchant je trouverois des charmes ;
J'aimerois mieux cent fois perdre tous mes plaiſirs,
Que de les payer de vos larmes.

S I L V I E.

En vous juſtifiant, que vous flattés mon cœur !
Les Dieux vous ont formé pour faire mon bonheur,
Et non pour me cauſer des peines.
Notre amitié m'eſt chere, & des allarmes vaines
N'en troubleront plus la douceur ;
Les Dieux vous ont formé pour faire mon bonheur,
Et non pour me cauſer des peines.
Non, vous n'êtes point amoureux ;
Je ne vois point en vous l'air ſombre & dangereux,
Que l'Amour donne à ce Faune qui m'aime.
Mon cœur, qui connoît bien le danger de ſes feux,
Me dit qu'il faut le fuir avec un ſoin extrême.
De ce coupable amour, ſi vous brûliés, hélas !
Mon cœur me diroit bien qu'il faut vous fuir de
même,
Et mon cœur ne me le dit pas.

ENSEMBLE.

Amour, fous tes loix tout eft peine ;
Qu'un cœur fe dérobe à ta chaîne,
Sans cèffe tu te plaîs à troubler fon repos.

SILVIE.

Allarmer l'amitié paifible.....

AMINTAS.

Intimider un cœur fenfible....

SILVIE.

Dans le fein du bonheur nous préparer des maux ;

ENSEMBLE.

Ce font-là de tes jeux, Dieu cruel !...

SILVIE.

                    Que je brave ;

ENSEMBLE.

Mais vas, jamais fon cœur ne fera ton efclave :
Lance tes traits, épuife ton carquois :

SILVIE.

Les foupirs....

AMINTAS.

Les rigueurs. ...

ENSEMBLE.

      Font bien connoître aux âmes,

SILVIE,

L'abus que tu fais de tes droits ;

AMINTAS.

Et jusqu'à l'embarras de parler de tes flâmes,

ENSEMBLE.

Oui, tout est peine sous tes loix.

AMINTAS.

On vient....

SILVIE.

Dans nos bois solitaires
Les Nymphes vont se rassembler.

AMINTAS.

Je me dois éloigner de vos secrèts mistères.

SILVIE.

Non ; l'Amour seul peut les troubler.

SCÈNE III.

SILVIE, AMINTAS, NYMPHES

DE DIANE.

(Les Nymphes arrivent en danſant , & s'arrêtent en voyant A M I N T A S.)

S I L V I E.

Chantés, Nymphes, chantés, ſans craindre la préſence
Du mortel qui s'offre à vos yeux ;
Il peut aſſiſter à nos jeux,
Il brave, comme nous, l'Amour & ſa puiſſance.

(On danſe.)

(Les différens exercices des Nymphes forment le ſujet de ce Divertiſſement ; les unes mettent leurs armes en faiſceaux , pour danſer au ſon du cor de leurs Compagnes ; d'autres ſe défient à la courſe , au javelot ; d'autres s'exercent à tirer de l'arc : S I L V I E préſide à leurs exercices , les encourage tour - à - tour , & fait admirer à A M I N T A S leur adreſſe & leur légéreté.

SILVIE.

Ces oiseaux, voltigeants de feuillage en feuillage,
    Avant d'éprouver l'esclavage,
Par les plus doux concerts chantent leur liberté ;
Ils cèssent de chanter , quand l'Amour les engage.

AMINTAS.

    Peut - être leur félicité
    Leur fait oublier leur ramage.

SILVIE, avec le *CHŒUR.*

    Quand l'Amour seroit un plaisir,
    Diane nous dit de le fuir ,
    A sa voix il faudroit nous rendre :
    Pour un seul bien qu'elle veut nous défendre ,
    Il en est tant dont nous pouvons jouïr.

Deux NYMPHES de DIANE, alternativement.

C'est pour charmer nos yeux, qu'on voit cette ver-
    dure
Se parer , chaque jour, des plus vives couleurs ;
Et pour nous des Zéphirs l'haleine , toujours pure,
Répand , dans nos vergers , le doux parfum des
    fleurs.
Du Soleil voulons-nous éviter les ardeurs ?
Nous trouvons dans nos bois une retraite sûre.

Cherchons-nous le repos? cette Onde, qui murmure,
Invite à le goûter fur fes bords enchanteurs.

(Avec le C H Œ U R.)

Riches des biens de la Nature,
N'en cherchons point de plus flatteurs.

(On danſe.)

S I L V I E & *la premiere* N Y M P H E,
alternativement avec le C H Œ U R.

Dans ces forêts,
Séjour de la paix,
La même ardeur nous appelle;
Soutiens nos cœurs, toi qui les foumèts,
Puiſſante Immortelle!
Guide nos traits.
Docile à tes loix,
Le cœur les fuit par choix,
Et chaque jour, à la fierté,
Par toi-même excité,
Il fçait forcer au ſilence,
Braver le Dieu qui t'offenſe,
Tyran des Dieux & des Mortels,
Et dont nos traits défendent tes Autels.

Dans ces forêts, &c.

Dès que le jour luit à nos yeux,
Le bruit du cor nous raſſemble en ces lieux,
Et juſqu'aux Cieux
Porte les vœux
Que tu reçois de nos cœurs heureux,
Soumis à ta puiſſance
Et faits
Pour goûter tes bienfaits :
L'indifférence
Tient lieu de tout bien ;
A l'innocence
Tu ſers de ſoutien.
Daigne, invincible Déèſſe,
Nous inſpirer ton adreſſe ;
Guide nos traits.

SILVIE.

Armés-vous.

LE CHŒUR.

Armons-nous,
Courons,
Volons.

Dans ces forêts, &c.

(Les Nymphes s'arment & partent pour la chaſſe,
précédées de SILVIE.)

SCÈNE

SCÈNE IV.

AMINTAS, *seul.*

PEut-on joindre un cœur si severe
A des yeux faits pour tout charmer ?
Pourquoi lui défend-on d'aimer ?
Peut-on lui défendre de plaire ?
Hilas vient : quel deſſein l'appelle en ces forêts ?
Ah ! je veux l'obſerver ſous ce feuillage épais.

SCÈNE V.

HILAS & FAUNES *de ſa Suite.*

HILAS.

GÉmirons-nous toujours ſous le poids de nos
chaînes ?
Sans cèſſe verrons-nous, infortunés Amans,
Croître aux yeux de nos inhumaines,
Et notre amour, & nos tourmens ?
Dans ces bois, où Diane exerce ſa puiſſance,
On voit régner l'indifférence :
Éloignons de ce fatal ſéjour
Les objèts de notre conſtance ;
Que la ruſe nous ſerve, au défaut de l'Amour.

*D

LE CHŒUR.

C'eſt trop gémir, c'eſt trop nous plaindre ;
Le Dépit & l'Amour doivent nous animer ;
Nous n'avons ſçu nous faire aimer :
Sçachons du moins nous faire craindre.

(HILAS ſort avec ſa ſuite.)

SCENE VI.

AMINTAS, *ſeul, quand* **HILAS** *& ſa ſuite ſont partis.*

TÉméraire, tu périras !
Sers un amant fidele, Amour, arme mon bras !

(Il ſort.)

(La Symphonie de l'Entre-Acte peint une chaſſe, interrompue par le bruit des armes.)

FIN DU PREMIER ACTE.

ACTE SECOND.

Le Théâtre repréfente la Forêt de D I A N E : le fond eft occupé par des Rochers efcarpés ; de diftance en diftance font des Grottes confacrées aux Naïades.

SCÉNE PREMIERE.

(On voit des Nymphes defcendre précipitamment des roches: elles font pourfuivies par des Faunes, qui le font eux-mêmes par des Chaffeurs qui viennent au fecours des Nymphes ; les Faunes font occupés alternativement à défarmer les Nymphes & à faire face aux Chaffeurs.)

LE CHŒUR.

LES NYMPHES, SILVIE à leur tête.	LES FAUNES. HILAS à leur tête.	LES CHASSEURS, AMINTAS à leur tête.
Diane , c'eft vous qu'on offenfe.	Nous vengons l'Amour qu'elle offenfe.	Nons volons à votre défenfe ,
Tonnés fur ces audacieux.	L'Amour vaut pour nous tous les Dieux ,	Immolons ces audacieux ;
Guidés-nous: vengeance, vengeance !	Hâtons-nous: vengeance, vengeance !	Hâtons-nous: vengeance , vengeance !
Tremblés, raviffeurs odieux.	Fuyés, tremblés, audacieux.	Tremblés, raviffeurs odieux.

SILVIE, à part.

Veillés fur Amintas, protégés-nous, grands Dieux !

(*Des Faunes paroiſſent attaquer vivement AMINTAS,*
    & l'empêchent de joindre HILAS, contre lequel SILVIE
    lance ſon trait, ſans le bleſſer.)

SCÊNE II.

HILAS, SILVIE.

(*Des Faunes veillent ſur HILAS pendant cette Sêne.*)

SILVIE.

OSes-tu te flatter que je daigne t'entendre ?
    Téméraire ! tu viens, juſques dans ce ſéjour,
Troubler l'hommage pur qu'à Diane on doit rendre.

HILAS.

Je n'en dois qu'à vos yeux, je n'en rends qu'à
    l'Amour.
      Ce Dieu, ſous vos triſtes ombrages,
      Ne vient que pour verſer des pleurs ;
      Un froid mortel ſaiſit les cœurs
      A l'aſpect de ces lieux ſauvages ;
Il faut les fuir ; il faut un terme à vos rigueurs :
Venés dans mes forêts, par des liens flatteurs,

Affûrer à l'Hymen deux cœurs & des hommages.
Vous qui m'obéiffés répondés à mes vœux.

*(Des Faunes amenent , pendant le Duo , un char,
attelé de tigres , pour l'enlevement de S I L V I E.)*

H I L A S.	*S I L V I E.*
L'Amour le veut, vous fuirés de ces lieux.	Non, non, n'efpere pas m'éloigner de ces lieux.

S I L V I E.

O Dieux ! protégés-moi. . . .

(Un nuage épais la dérobe au Faune , & la terre engloutit le char.)

H I L A S.

Ciel ! quel épais nuage ! . . .
Le char s'abîme ! Elle échappe à mes yeux ! . . .

Amour ! . . . Eh ! toi que l'on outrage,
Tu n'ôfes triompher d'un pouvoir odieux !
Tu m'abandonnes à la rage !
Que fais-tu dans mon cœur, fi tu trahis mes feux ?

(Il fort.)

S C È N E I I.

(*Bruit de trïomphe, fur lequel* AMINTAS & *les*
CHASSEURS *amenent des* FAUNES *défarmés.*)

A M I N T A S

(*aux Chaffeurs*)　　(*feul.*)

Conduifés ces captifs... Dieux! où trouver Silvie?
　　Eh ! que me fert d'être vainqueur ?
En vain j'ai trïomphé, la Nymphe m'eft ravie ;
La fuite a dérobé le Faune à ma fureur.

Tout infpire en ces lieux l'épouvante & l'horreur.
Auteur de tous nos maux, Amour! vois ton ouvrage,
Et s'il t'en faut encore une plus vive image,
　　Tu la trouveras dans mon cœur.
Défefpéré, je perds la beauté que j'adore ;
Que le jour m'eft cruël ! juftes Dieux, que j'implore,
Quoi! vous me laifferés furvivre à ma douleur ?
En perdant ce qu'on aime, on peut donc vivre en-
　　core ?
Je ne connoiffois pas l'excès de mon malheur!

Tout infpire, &c.

SCÊNE IV.

HILAS, AMINTAS.

AMINTAS.

JE vois Hilas..... cruël! rends-moi Silvie:
Reconnois un rival, que tu viens d'accâbler.
Seul tu sçais mon secret ; je puis le révéler,
Sûr de te l'arracher bientôt avec la vie.

ENSEMBLE.

Tremble, l'Amour jaloux arme & conduit mon bras!
Tu vas le reconnoître à ma fureur extrême :
    Quand on perd un objet qu'on aime,
      Ah, que la vengeance a d'appas !

Tremble , l'Amour jaloux arme & conduit mon
bras !

(*AMINTAS combat le* FAUNE *& le précipite des
roches.*)

SCÈNE V.

NYMPHES & CHASSEURS.

(On entend un bruit de Victoire.)

(Marche de NYMPHES & de CHASSEURS qui traînent à leur suite des FAUNES enchaînés : pendant cette marche, AMINTAS cherche SILVIE parmi les Nymphes ; & ne l'y trouvant point, il sort vivement.)

UN CHASSEUR avec le CHŒUR.

NOus remportons la victoire,
Nous triomphons de ces audacieux ;
Que tout célebre dans ces lieux,
Et leur défaite , & notre gloire.

(Aux FAUNES enchaînés.)

L'audace n'a jamais défarmé la rigueur :
Malheureux , vos fureurs à l'Amour font outrage ;
De ces Nymphes , lui-même , il feroit le vengeur.

(Aux NYMPHES.)

Qu'ils portent , loin de nous , & leur honte & leur
rage :
Eh ! laissés - leur la liberté ,
Sont-ils faits pour porter les fers de la beauté ?

(En leur arrachant leurs fers & les renvoyant.)

UNE

U n e **N Y M P H E.**

Venés régner dans nos boccages ;
Plaisirs, accourés à nos voix ;
Oiseaux, revenés dans nos bois,
Rien n'y troublera plus vos innocens ramages.
Vous, Driades, sortés de ces chênes épais,
Où l'effroi vous retient captives,
Et vous, Nymphes des eaux, paroissés sur vos rives ;
Que nos jeux suspendus, reprennent leurs attraits :
Venés régner dans nos bocages, *&c.*

(*Les* N a ï a d e s *sortent de leurs Grottes, & les* D r i a d e s *du creux des chênes où elles s'étoient renfermées pendant le combat des Faunes.*)

Une NYMPHE *aux* Driades *& aux* Naïades.

Nymphes, dont la présence est si chere à nos yeux,
Vous voyés les vengeurs qu'à trouvé l'innocence ;
Partagés nos plaisirs, embellissés nos jeux,
Et servés la reconnoissance.

(*Les* Naïades *font jaillir de leurs Grottes des sources qui serpentent le long des rochers, & les* Dryades *apportent des couronnes de chêne aux vainqueurs.*)

E

Un CHASSEUR, aux Nymphes de Diane.

Cœurs ingrats, trouvés-vous des charmes
A braver le plus charmant des Dieux?
Pour nous vaincre a-t-il d'autres armes
Que celles qu'il prend dans vos yeux?
La beauté l'enchaîne fur fes traces,
    Pourra-t-il quitter ce féjour?
    Croyés que l'afile des Grâces,
    Eft toujours celui de l'Amour.

LE CHŒUR.

LES CHASSEURS.	LES NYMPHES.
Cœurs ingrats, trouvés vous des charmes	Eh! pourquoi trouvés-vous des charmes
A braver le plus charmant des Dieux?	A fervir le plus cruel des Dieux?
Pour nous vaincre a-t-il d'autres armes	Son nom feul caufe nos allarmes;
Qne celles qu'il prend dans vos yeux?	Pourquoi nous l'offrir dans vos yeux?

(*Les DRYADES & les NAÏADES fe retirent à l'arrivée de DIANE.*)

SCÈNE VI.

LES ACTEURS DE LA SCÈNE PRÉCÉDENTE.

DIANE, *descendant de son char.*

DIANE.

QUels odieux concerts me faites-vous entendre?
Jusques dans mon empire, audacieux mortels,
Croyés-vous à l'Amour élever des autels?

(*Aux NYMPHES.*)

Et vous, à leurs discours vous laissés-vous surprendre?

(*Aux CHASSEURS.*)

Ennemis de mes loix, redoutés mon courroux;
Tremblés!....

LE CHŒUR.

Fuyons tous, fuyons tous.

(*Les Chasseurs sortent.*)

*E ij

SCÈNE VII.

DIANE, LES NYMPHES, AMINTAS.

D I A N E.

PAr de nouveaux fermens ranimés votre zele.

A M I N T A S , derriere le Théâtre.

Belle Silvie, en vain je vous appelle....

(A DIANE, qu'il prend pour SILVIE.)

Eſt-ce vous que je vois, Nymphe ?

(Reconnoiſſant DIANE.)

Diane ! oh, Dieux !

D I A N E.

Témèraire ! ... frémis pour l'objet de tes feux.
Apprends qu'à mes Autels la mort la plus cruelle,
Puniroit la Nymphe rebelle
Qui de ſes vœux pourroit ſe dégager ;
Silvie eſt dans mon temple, & tu peux l'y chercher :
Sûr des périls où tu l'expôſes,
Cherche à l'enflammer, ſi tu l'ôſes.

(*Diane remonte au Ciel.*)

*Les NYMPHES en Chœur, à Diane, qui les
anime & qui répéte leurs fermens.*

Jurons une éternelle haîne

A l'Amour, ainfi qu'aux amans.

Les douceurs que l'on goute en évitant fa chaîne

T'affûrent de nos cœurs bien mieux que nos fermens.

(*Les Nymphes fortent.*)

SCÈNE VIII.
AMINTAS, *seul.*

ET je suffis encore aux tourmens que j'endure !
Nymphes cruelles !... quels fermens !
Hélas ! il faut que la nature
Nous ait donné des cœurs bien différens.
Allons chercher Silvie... A l'ardeur qui m'anime
Otons tout espoir en ce jour :
L'instant fatal approche, il faut une victime ;
C'est à moi seul d'en servir à l'Amour.

FIN DU SECOND ACTE.

ACTE TROISIEME.

Le Théâtre repréfente l'intérieur du Temple de DIANE.

SCENE PREMIERE.

L'AMOUR, *fous la figure d'un jeune* CHASSEUR.

SILVIE.

L'AMOUR, à part.

DIANE des Mortels reçoit ici les vœux ;
Pour y trouver accès je fuis réduit à feindre :
Sous ce déguifement , dérobons à fes yeux
Le Dieu qu'elle a raifon de craindre.

(*à* SILVIE.)

Qu'avec plaifir je me vois en ces lieux !
Sans vous, j'aurois été victime de la rage

De ces audacieux,
Qui portoient dans nos bois le trouble & le ravage.
La chaffe occupe mes loifirs;
J'ai fignalé mes traits par plus d'une victoire;
J'ai trouvé l'épouvante où je cherchois la gloire;
On s'égare aifément fur les pas des plaifirs.

S I L V I E.

Jeune enfant, c'eft l'Amour qui caufe nos allarmes.

L' A M O U R.

L'Amour.? eh ! nos plaifirs ont pour lui tant de
charmes.

S I L V I E.

Puiffiés-vous à jamais ignorer fes rigueurs !
Quand l'Amour a bleffé nos cœurs,
Il fourit en voyant nos larmes:
Le cruel badine avec les armes
Qui nous font verfer des pleurs.

L' A M O U R.

On me l'avoit dépeint fous des traits plus flatteurs.

S I L V I E.

Il fait fe déguifer, pour tromper l'innocence:
Nous fommes dans un Temple, où ce Dieu dange-
reux
N'ôfa jamais fignaler fa puiffance.

L'A M O U R.

L'*AMOUR*.

Qu'avec plaifir je me vois en ces lieux !
Souffrés que ma reconnoiffance,
Confacre à ces autels mon offrande & mes vœux.
(*Il porte fes armes en offrande fur l'autel de* DIANE.)
Reçois , Déèffe tutélaire ,
Les armes que j'offre à tes yeux ;
Si mon hommage peut te plaire,
Que je vais être glorieux !

SILVIE.

Du deftin d'Amintas ne pourriés-vous m'inftruire ?

L'*AMOUR*.

Plaignés cet amant malheureux.

SILVIE.

Que dites-vous ? l'Amour a-t-il pu le féduire ?

L'*AMOUR*.

L'ignorés-vous encore ?

SILVIE.

Amintas amoureux !

L'*AMOUR*.

Il aimoit une ingrate , il adoroit…. Silvie.

SILVIE.

O Ciel !

F

SILVIE,

L' AMOUR.

J'ai vu cet amant généreux
Pour elle immoler sa vie ;
J'ai vu son rival furieux
Le joindre, l'accâbler... Vous frémissés !...

SILVIE.

Oh, Dieux !...

L' AMOUR.

Je dois, de ce récit, vous épargner le reste,
Et m'arracher au spectacle funeste
Des larmes qu'il coûte à vos yeux.

(Il sort.)

****

SCÊNE II.

SILVIE, *seule.*

AMintas a perdu la vie !
C'eſt pour toi, qu'il périt, malheureuſe Silvie ;
Dans l'éternelle nuit tu viens de le plonger....
    Amintas a perdu la vie !
Et je reſpire encore ! ah, c'eſt pour le venger !....
Immolons ſon rival à ma fureur extrême,
    Cherchons cet odieux vainqueur,
(*Elle prend le trait que l'Amour a dépôſé ſur l'autel.*)
Armons nous !.. Juſte Ciel ! que deviens-je moi-
   même ?..
Je m'affoiblis.... la mort eſt déja dans mon cœur.
Ah ! je ſens qu'à ton ſort je ne ſaurois ſurvivre :
Je ne puis te venger, du moins je vais te ſuivre.
(*Elle va pour ſe frapper du trait de l'Amour.*)

SCÈNE III.

SILVIE, AMINTAS.

AMINTAS, l'arrêtant,

QU'allés vous faire, oh Dieux !......

S I L V I E.

Je vous revoi,
Cher Amintas !

A M I N T A S.

Quelle fureur, Silvie !

S I L V I E.

Eh ! qu'aurois-je fait de la vie ?
Je vous croyois perdu pour moi.

A M I N T A S.

Au sort d'un malheureux vous êtes trop sensible.
L'honneur de combattre pour vous,
A rendu mon bras invincible ;
Le Faune est tombé sous mes coups :
Je viens armer votre courroux
Contre un ennemi plus terrible.

S I L V I E.

Du plaisir de nous voir occupons notre cœur.

BALLET-HÉROÏQUE. 45

A M I N T A S.

Je n'y trouve que trop de charmes.

S I L V I E.

Partagés donc tout mon bonheur.

A M I N T A S.

Arrêtés ! chaque mot redouble mes allarmes . . . .
Sortés enfin de votre erreur.
Tout ce que peut l'Amour inspirer de tendresse,
Je le ressens, pour mon malheur :
Pour mieux cacher sa flâme enchanteresse,
Ce Dieu, dans mon perfide cœur,
Prenoit de l'amitié le voile séducteur.
Mais j'en jure à vos yeux, qui causent ma foiblesse,
Ma mort vous vengera d'une coupable ardeur.

S I L V I E.

Ta mort ! quelle aveugle furie ? . . . .
Tu vengerois Diane, & punirois Silvie

(*Le Tonnerre gronde, la Terre tremble.*)

A M I N T A S.

Quel bruit. . . . . je tremble. . . . ah, malheureux !

S I L V I E.

On arme contre nous & la Terre & les Cieux.

A M I N T A S.

Frappe, Déèsse impitoyable !

SILVIE.

Ces murs vont s'écrouler ! quel tremblement affreux !

ENSEMBLE.

Oh , Diane , suspens ton courroux redoutable !
Si l'objet le plus amoureux
A tes yeux est le plus coupable ,
C'est sur moi que tu dois te venger de nos feux.

Les NYMPHES , derriere le Théâtre.

Épargnés-nous , o justes Dieux !

SILVIE.

De quels accens plaintifs ces voûtes retentissent ?
Du crime de mon cœur mes compagnes gémissent !
(Elle court ouvrir les portes du Temple à ses Compagnes.)

Les NYMPHES , en entrant sur le Théâtre.

Ciel , o Ciel ! où trouver un asile ?

SCÈNE IV.

SILVIE, AMINTAS, CHŒUR des NYMPHES.

SILVIE, aux NYMPHES.

EN ces lieux :
N'adressés point aux Cieux une priere vaine ;
Que vos cœurs soient saisis d'une fureur soudaine,
Une Nymphe a trahi ses vœux.

LE CHŒUR.

Périsse l'infidele !

AMINTAS.

O Dieux !

SILVIE.

Diane la poursuit.

LE CHŒUR.

Sa haîne est légitime ;
Nommés cet objet odieux.

SILVIE.

Silvie.

LE CHŒUR

Et le remord ne trouble point vos feux ?

S I L V I E.

Plus je vois Amintas, plus j'augmente mon crime.
Le même inftant offre à vos yeux
Et la coupable & la victime.

(*Elle prend le trait fur l'Autel, & va pour s'en frapper.*)

A M I N T A S.

Dieux !

> (*S I L V I E n'ayant pas la force d'achever, & remettant le trait à une de fes Compagnes.*)

Je ne puis fervir la fureur qui m'anime !
Vengés-vous !

A M I N T A S.

Arrêtés !.. Quel calme dans les airs !...
(*Le filence fuccede au bruit.*)

(*Aux Nymphes.*)

Le Ciel s'appaife !... oh Dieux !... Écoutés ces concerts.

L E C H Œ U R.

D'où naiffent ces concerts ?

SCÈNE V.

L' A M O U R.

LES ACTEURS DE LA SCÈNE PRÉCÉDENTE.

L' A M O U R.

L'Amour vient diffiper le trouble de votre âme ;
Ne craignés point les coups que ce trait peut porter ;
Il ne pourroit fervir qu'à redoubler ta flâme,
    Si je la pouvois augmenter.
Diane m'a cédé, j'ai trompé fa vengeance :
    L'Amour prompt à te protéger,
    Dans fon carquois a puifé ta défenfe ;
    Ce trait, qui devoit la venger,
T'a, pour jamais, foumife à ma puiffance.

A M I N T A S & S I L V I E.

Quels bienfaits !.... quels momens !... Amour,
    Dieu de mon cœur !
Ta voix ranime encor nos ardeurs mutuelles ;
Tu nous rends à la fois la vie & le bonheur :
Mais tu n'auras jamais de fujèts plus fideles.

L' A M O U R.

    Difparoiffés, au gré de mes defirs,
    Temple, où regnoit l'indiférence :

Par un effet de ma préſence,
Devenés à l'inſtant l'aſile des Plaiſirs.

SCÊNE DERNIERE.

Lè Temple de DIANE eſt remplacé par celui-de l'AMOUR : différens Tableaux y retracent les Trïomphes de ce Dieu : au fond du Temple ſont deux Grouppes, l'un repréſentant le Dieu du Silence, qui couvre d'un voile les Plaiſirs qui lui préſentent des fleurs ; l'autre les Grâces, prêtes à couronner les Amans : les Dieux s'y raſſemblent ; les Bergers y accourent ; Vénus y trouve Adonis ; Bacchus, Ariane ; Thétis, Pélée, &c. & les hommages que l'Amour reçoit, & les chaînes que les Amans forment à ſes autels, font le ſujet de ce Divertiſſement.

LES ACTEURS DE LA SCÊNE PRÉCÉDENTE.

L'AMOUR aux NYMPHES.

Nymphes, de mon pouvoir tout vous offre l'image,
Embelliſſés ma Cour, offrés-moi votre hommage.
(On danſe.)

Les NYMPHES avec le CHŒUR.
Par tes bienfaits tu ſoumèts l'Univers ;
Tu triomphes des cœurs, qui te faiſoient la guerre :

L'Amour porte ſes feux juſqu'au fond des Enfers.
Et ſouvent d'un coup d'aile il éteint le tonnerre.

(On danſe.)

L'A M O U R.

Ma plus éclatante victoire
Eſt de ſoûmettre la beauté.
Quand j'ai déſarmé ſa fierté,
Son bonheur aſſûre ma gloire.

Des Dieux & des mortels je comble les deſirs ;
J'anime tout ce qui reſpire :

(à A M I N T A S & à S I L V I E.)

Et vous voyés que les Plaiſirs
Marquent les rangs dans mon empire.

Ma plus éclatante, &c.

(*Les Plaiſirs diſtribuent aux amants des guirlandes de fleurs, emblême des chaînes de* L'A M O U R ; *& tout ſe réunit pour célébrer le triomphe de ce Dieu.*)

F I N.

A P P R O B A T I O N.

J'Ai lu, par ordre de Monſeigneur le Vice-Chancelier, une nouvelle Édition de l'Opéra intitulé *Silvie*, repréſenté devant Leurs Majeſtés ; & je n'y ai rien trouvé qui ne doive en favoriſer l'impreſſion. A Verſailles, ce 4 Octobre 1766.

DEMONCRIF.

www.ingramcontent.com/pod-product-compliance
Lightning Source LLC
LaVergne TN
LVHW022342170726
843503LV00008B/3499